Cristina Cappa Legora

Scopri e Colora

I miti e gli eroi della **antica Grecia**

SKIRA

Gli dei e gli eroi

Nel bel mezzo del **cielo**, ben nascosto dalle nuvole,
ha la sua dimora Giove, il grande **capo** di tutti gli dei,
insieme a Giunone, sua moglie, Venere e Apollo, Marte e Mercurio...
Con i piedi per... **terra** vivono invece gli eroi: tra questi,
l'astuto Ulisse e l'esploratore Enea. Ma andiamo a conoscerli
in compagnia di **Ercole**, l'eroe di tutti gli eroi!

Ercole, un eroe infaticabile

I Greci lo chiamavano Eracle

Fortissimo e **imbattibile**, armato di clava, Ercole è il campione assoluto nel "fare a botte con ogni sorta di **mostro** o bestiaccia". Ne ha messi fuori gioco un bel po', tra cui un leone ferocissimo, una specie di drago a **9 teste** dal fiato nauseante, degli uccellacci con penne, becco e artigli di bronzo… Insomma un **eroe** davvero infaticabile!

Giove e Giunone, una coppia... incandescente

I Greci li chiamavano Zeus ed Era

Giove, **padre** degli dei e capo indiscusso di tutto il pantheon, è anche il dio del cielo e del tuono. Va in giro con un **fulmine** in mano, pronto a scagliarlo addosso a chi lo infastidisce. Sua moglie Giunone è **furibonda**. Ogni volta che Giove lancia le sue saette e, a quanto pare succede spesso, le brucia tutta la casa, **mobili** inclusi!

Nettuno e Plutone, due fratelli molto speciali

I Greci li chiamavano Poseidone e Ade

I due fratelli di Giove regnano l'uno sul **mare** e l'altro, il più sfortunato, sul cupo e tetro mondo sotterraneo, detto anche **Inferi**. Mentre Nettuno si diverte come un matto a fare surf sulle onde e a inseguire i **delfini**, al povero Plutone è concesso – sai che divertimento! – di giocare con **Cerbero**, il suo cane a tre teste! Secondo Ercole, che lo ha conosciuto, non è proprio un cucciolone!

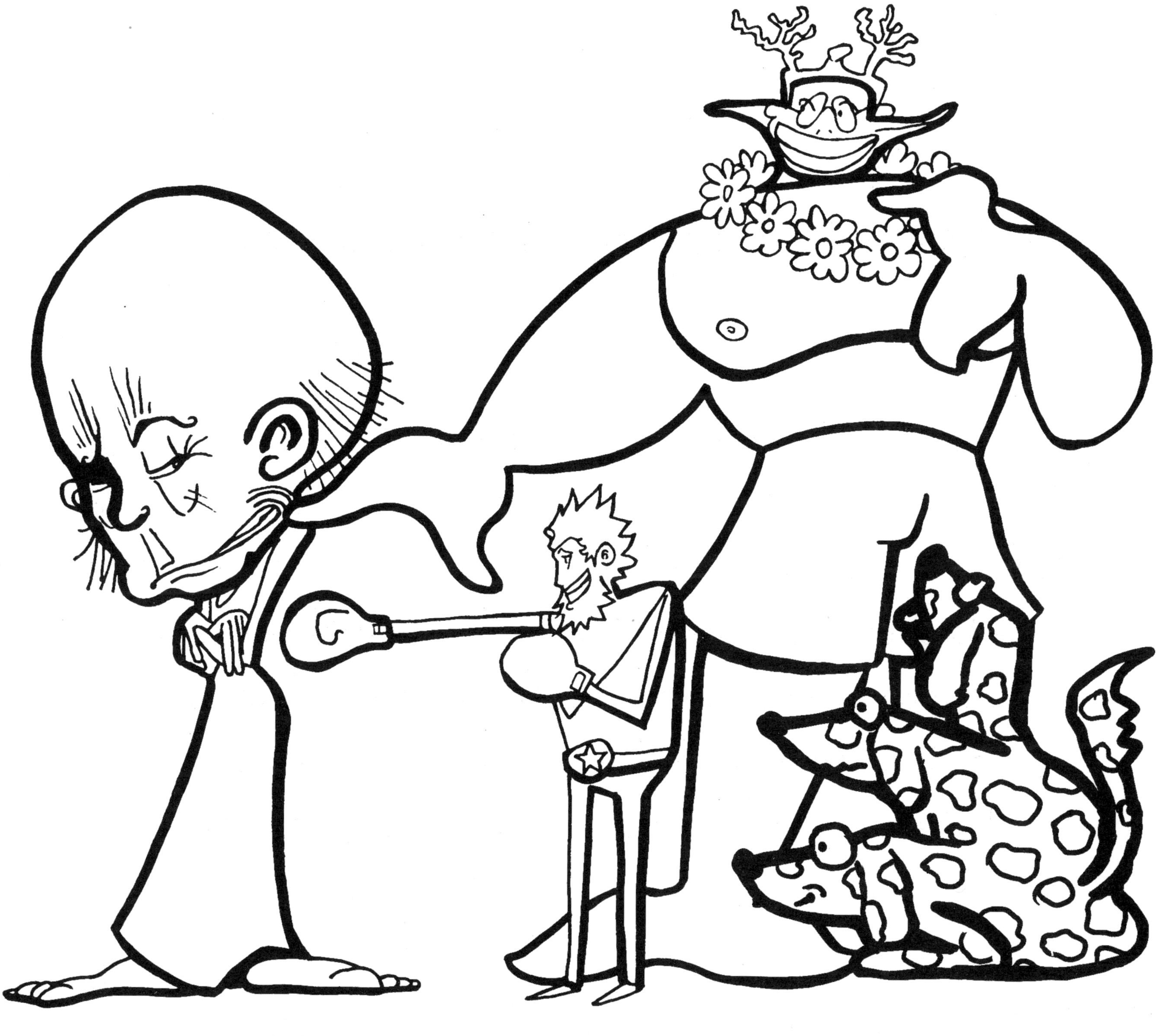

Venere e Apollo... i bellissimi

I Greci li chiamavano Afrodite e Apollo

Lei, la dea dell'**amore**, si racconta sia nata dalla spuma del mare.
Lui, aitante e atletico, è il dio delle **arti** e della poesia.
Però non c'è da fidarsi troppo di Apollo. Se è di buon umore
ama suonare la **cetra**, recitare poesie, ma se si arrabbia
è capace di cose terribili come scagliare frecce velenosissime
urlando come un **matto**.

Minerva e Mercurio

I Greci li chiamavano Atena ed Ermes

Minerva è la dea della **saggezza**. Composta ed educata, ha sempre la risposta giusta per tutto. Insomma è un po' la "maestra" fra gli dei: tanto **intelligente**, ma, secondo Ercole, anche un po' noiosetta. Mercurio invece è un tipo **avventuroso** che ama viaggiare, per questo ha due piccole ali ai piedi che lo fanno volare **velocissimo** da una parte all'altra del cielo e della terra!

E

Marte, Vulcano e Bacco... che combriccola!

I Greci li chiamavano Ares, Efesto e Dioniso

Un terzetto interessante: Marte, il dio della **guerra**, è sempre con la lancia in mano e va a spasso su un carro trainato da quattro cavalli dal respiro infuocato. Vulcano, piuttosto bruttino e pure **zoppetto**, vive in un... vulcano dove passa il tempo a costruire preziosi oggetti in metallo: un vero artista! Infine Bacco, il più allegro e **festaiolo** degli dei, passa il tempo a divertirsi e a evitare i suoi "colleghi" di cattivo **umore**!

Ettore, un eroe gentiluomo

Ettore è fra tutti l'eroe più **amato** perché bello ma soprattutto perché di animo gentile. Figlio del re di Troia, insieme ad Achille ed Enea è fra i guerrieri che vinsero più duelli e **combattimenti**. Sposato alla bella **Andromaca**, è marito e padre dolcissimo. Purtroppo alla fine il terribile Achille riesce a sconfiggerlo, ma Ettore rimane per tutti il **vero** vincitore del loro duello.

Achille, il guerriero invulnerabile

Alto, bello e pure invulnerabile, Achille è il più **ammirato** fra i guerrieri, ma anche il più temuto. È capace di capricci incredibili. È invulnerabile grazie alla sua **mamma** che da piccolo lo immerse nelle acque di un fiume magico, tenendolo per un **tallone**. Infatti questo è il suo **unico** punto debole. Secondo Ercole essere invulnerabili per un eroe non è valido: troppo facile!

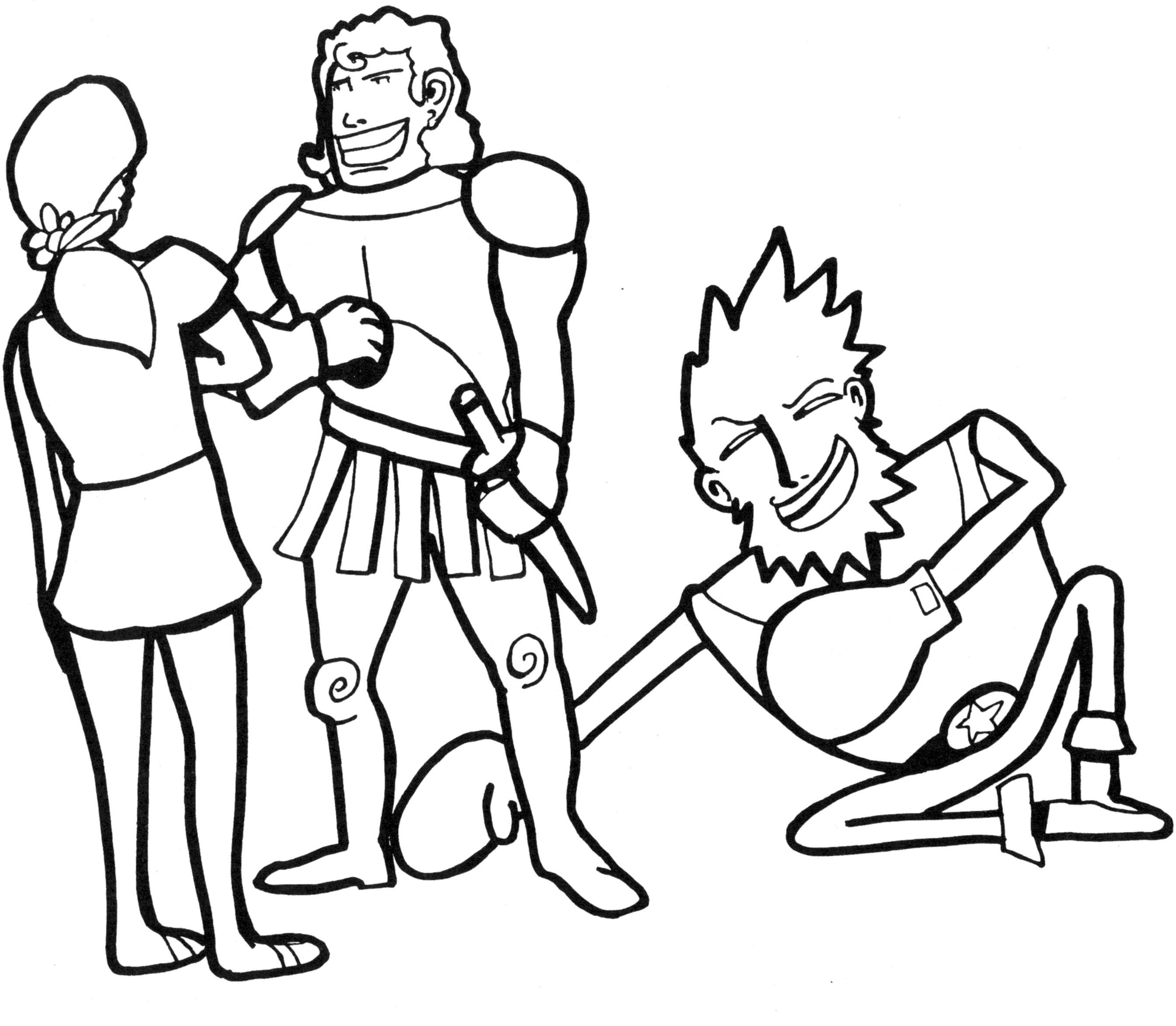

Ulisse, un tipo furbissimo

I Greci lo chiamavano Odisseo

Nessuno può battere Ulisse in **furbizia**! Ercole pensa che la sua trovata migliore sia stata l'aver costruito un grande cavallo di legno, durante l'assedio alla città di **Troia**. Credendo fosse un regalo, gli abitanti della città si portarono a casa il **cavallo** senza sapere che nascosto nella pancia c'era l'astuto Ulisse. Di notte l'eroe, zitto zitto, uscì dal cavallo e aprì le porte della città ai suoi **soldati** e fu così che vinse la guerra!

Enea, l'eroe esploratore

Enea è un tipo di eroe coraggioso, **avventuroso**, ma anche molto affezionato alla **famiglia**. Quando Troia cadde in mano ai nemici, fuggì portando il suo papà in spalla e il figlioletto per mano. Dopo un lungo e travagliato **viaggio** per mare, finalmente approdò in Italia, vicino a dove un giorno Romolo e Remo avrebbero fondato **Roma**. Secondo Ercole, i due gemelli erano i suoi pronipoti!

Scopri e Colora

Collana a cura di
Cristina Cappa Legora

Disegni
Giacomo Veronesi

Design
Marcello Francone e Anna Cattaneo

Redazione
Emma Cavazzini

Finito di stampare nel mese
di febbraio 2012
a cura di Skira, Ginevra-Milano
Printed in Italy

www.skira.net